Incroyable!

Au Mexique, on pique-nique sur la tombe de grand-maman!

(et autres joies familiales)

Richard Platt

Traduction : Anne Bricaud

Bizarre bazar

Table des matières

- 4-5 Monoparentales et recomposées
- 6-7 Marions-nous !
- 8-9 En blanc ou sous les flots
- 10-11 Grandir en beauté
- 12-13 Né pour régner, comme papa
- 14-15 Une nouvelle famille
- 16-17 La famille élargie
- 18-19 Des familles, des amis ou des criminels ?
- 20-21 À quoi sert un nom ?
- 22-23 Des parents variés
- 24-25 Un garçon ou une fille ?
- 26-27 Vivre ensemble
- 28-29 Les activités en famille
- 30-31 Travailler ensemble
- 32-33 Qui est le chef ?
- 34-35 Demande à la gardienne
- 36-37 Des enfants responsables
- 38-39 Une famille de rechange
- 40-41 C'est dans tes gènes
- 42-43 D'élégants adieux
- 44 Comprendre ton arbre généalogique
- 45-46 Glossaire
- 47-48 Index

Catalogage avant publication de Bibliothèque et Archives nationales du Québec et Bibliothèque et Archives Canada

Platt, Richard

Incroyable! Au Mexique, on pique-nique sur la tombe de grand-maman!: et autres joies familiales

(Bizarre bazar)
Traduction de: Would you believe - in Mexico people picnic at granny's grave?!
Comprend un index.
Pour les jeunes de 9 à 13 ans.

ISBN 978-2-89579-498-1

1. Familles - Ouvrages pour la jeunesse. 2. Mœurs et coutumes - Ouvrages pour la jeunesse. I. Titre. II. Titre: Au Mexique, on pique-nique sur la tombe de grand-maman!. III. Collection: Bizarre bazar.

HQ744.P5214 2013 j306.85 C2012-941664-9

Dépôt légal - Bibliothèque et Archives nationales du Québec, 2013
Bibliothèque et Archives Canada, 2013

Would You Believe... in Mexico, people picnic at granny's grave?! and other dynastic delights a été initialement publié en anglais en 2010 (ISBN 978-0-19-911985-1). Cette édition est publiée en accord avec Oxford University Press.

Direction : Andrée-Anne Gratton
Traduction : Anne Bricaud
Révision : Sophie Sainte-Marie

Mise en pages : Danielle Dugal

Nous reconnaissons l'aide financière du gouvernement du Canada par l'entremise du Fonds du livre du Canada (FLC) pour des activités de développement de notre entreprise.

Cet ouvrage a été publié avec le soutien de la SODEC.
Gouvernement du Québec - Programme de crédit d'impôt pour l'édition de livres - Gestion SODEC.

Bayard Canada Livres
4475, rue Frontenac
Montréal (Québec) Canada H2H 2S2
Téléphone : 514 844-2111 ou 1 866 844-2111
edition@bayardcanada.com
bayardlivres.ca

Imprimé en Chine

AVERTISSEMENT : *Les pratiques mentionnées dans ce livre ne le sont que dans un but informatif. Ne les essayez pas à la maison !*

Introduction

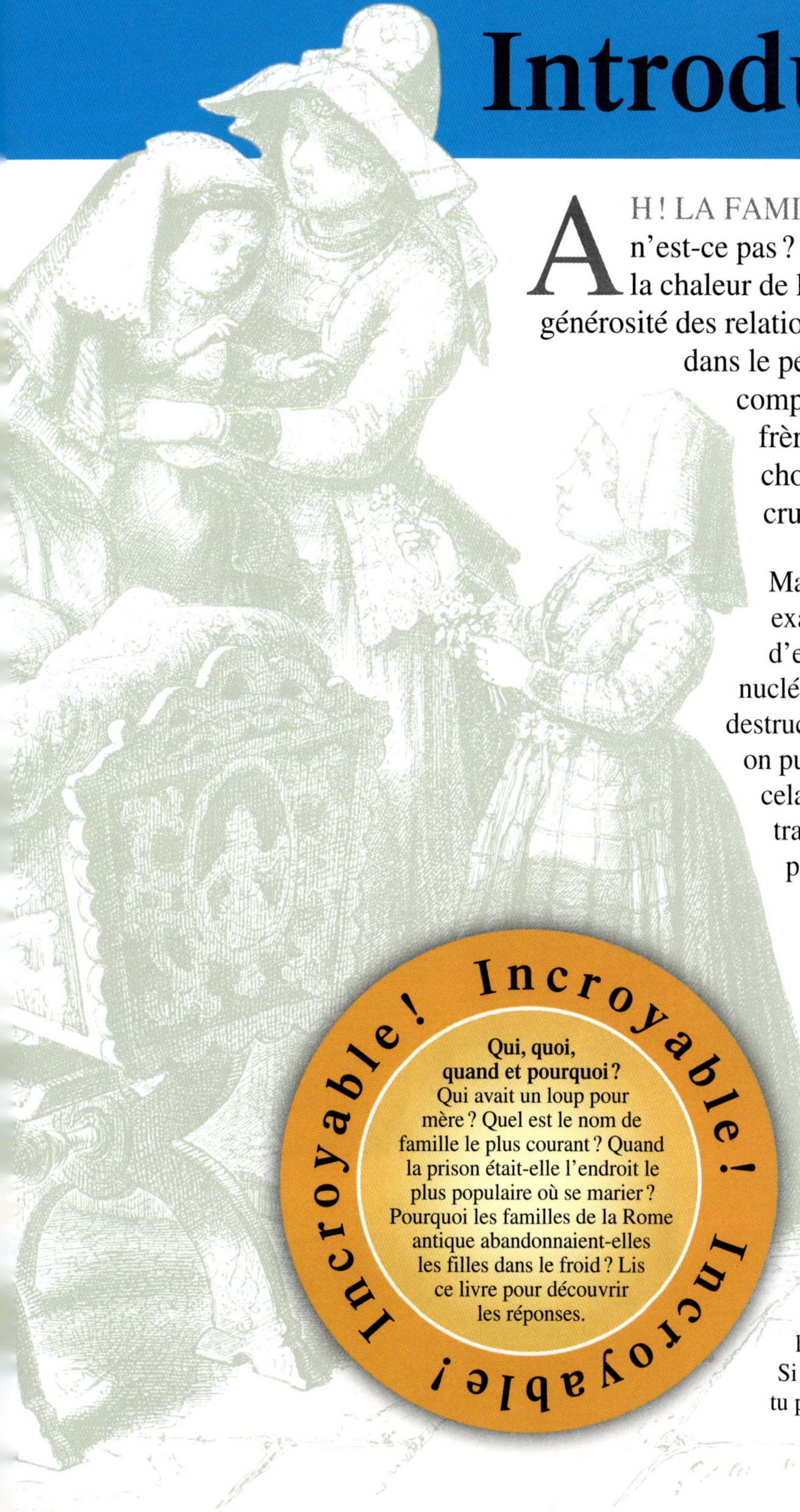

AH ! LA FAMILLE ! RIEN DE TEL, n'est-ce pas ? Il n'y a rien de mieux que la chaleur de l'accueil familial ou que la générosité des relations familiales quand on est dans le pétrin. Pourtant… on peut aussi compter sur les parents, et sur les frères et sœurs, pour nous dire les choses les plus dures et les plus cruelles.

Mais qu'est-ce qu'une famille, exactement ? Pour beaucoup d'entre nous, c'est la « famille nucléaire ». Ce n'est pas une arme de destruction massive, bien que, parfois, on puisse avoir l'impression que cela s'en approche. C'est le groupe traditionnellement composé de deux parents et de leurs enfants.

Une famille peut être plus, ou moins, que ce groupe traditionnel. Une mère monoparentale et sa fille constituent une famille de deux personnes. Un orphelin qui vit dans la rue peut considérer que sa famille est la bande qui le protège et partage tout avec lui. Ce livre se penche sur toutes sortes de familles, sur la façon dont elles voient le jour et s'achèvent, sur leur fonctionnement et leur dysfonctionnement, sur ceux qui en sont responsables et sur les liens qui existent entre leurs membres. Si tu croyais tout savoir sur la famille, tu pourrais bien être surpris.

Incroyable ! Incroyable ! Incroyable !

Qui, quoi, quand et pourquoi ?
Qui avait un loup pour mère ? Quel est le nom de famille le plus courant ? Quand la prison était-elle l'endroit le plus populaire où se marier ? Pourquoi les familles de la Rome antique abandonnaient-elles les filles dans le froid ? Lis ce livre pour découvrir les réponses.

Monoparentales et recomposées

EST-CE SI NORMAL QUE DEUX PARENTS soient restés ensemble ? Ce n'est pas si spécial d'avoir une belle-mère ou un beau-père parce que ses parents se sont séparés, puis remariés. Au moins un enfant sur six naît dans une famille monoparentale.

Les familles recomposées sont plus courantes que jamais. Elles peuvent être compliquées, parce que tu peux, par exemple, appeler « demi-frère » ou « demi-sœur » une personne qui n'a qu'un parent en commun avec toi, ou aucun. Ce peut être le fils, ou la fille, né d'une autre relation, du nouveau conjoint ou de la nouvelle conjointe d'un de tes parents.

À Hollywood ▲
Le célèbre acteur Mickey Rooney, à Hollywood, a créé une belle-famille phénoménale. Marié huit fois, il a neuf enfants. On le voit ici avec ses trois premiers enfants. Son aîné, Mickey, a six belles-mères.

Dans la royauté

Les familles recomposées du passé étaient célèbres pour leurs brouilles, et les écrivains et dramaturges raffolent des drames qu'elles provoquent. Ils basent leurs intrigues sur une méchante belle-mère ou un cruel beau-père.

Les belles-familles dans les histoires ▲▶
Les écrivains mettent à profit les querelles des belles-familles pour créer des personnages que les gens adorent détester. Les contes traditionnels de *Blanche-Neige* (en haut) et de *Cendrillon* sont bâtis autour d'une méchante belle-mère. Dans sa pièce *Hamlet* (à droite), William Shakespeare avait fait se marier la mère et l'oncle du héros, afin de créer un beau-père meurtrier.

Une famille chamboulée

Les nouveaux beaux-parents ont souvent des enfants, eux aussi. On ne peut pas les choisir et on ne connaît pas depuis toujours leur façon de vivre. Ils chamboulent parfois la vie de famille à leur arrivée.

Dans les histoires, les beaux-parents sont parfois décrits de façon négative, mais ce n'est pas justifié. Les recherches montrent que les enfants vivant dans des familles recomposées sont tout aussi heureux que les autres, et souvent davantage que ceux dont les parents ne s'entendent plus, mais restent ensemble.

Catherine d'Aragon

Anne Boleyn

Jeanne Seymour

Anne de Clèves

Catherine Howard

Catherine Parr

Marie Tudor

Élisabeth Ire

Édouard VI

D'un mariage à l'autre ▲
Voulant à tout prix avoir un fils, le roi Henri VIII d'Angleterre forma une famille extrêmement compliquée. Sa première fille, Marie (qui devint plus tard reine), eut cinq belles-mères. Le roi fit annuler son mariage avec la mère de Marie, une autre de ses épouses mourut, et il fit décapiter deux de ses épouses suivantes. À la mort de Marie, sa demi-sœur Élisabeth devint reine.

Incroyable! Incroyable! Incroyable!

Des familles givrées
Dans la société inuit traditionnelle du Groenland, l'idée de famille recomposée n'avait pas beaucoup de sens. Les femmes seules avec des enfants se trouvaient simplement un mari, qui devenait le «papa». Les hommes se prêtaient souvent mutuellement leurs femmes, et le mari du moment était considéré comme le père de tous les enfants de sa femme.

Le père de Barack Obama est parti quand ce dernier avait deux ans.

Un parent, c'est suffisant

Un parent heureux vaut mieux que deux parents ensemble, mais qui se disputent. Les familles monoparentales sont encore plus courantes que les familles recomposées: un enfant sur quatre vit avec un seul de ses parents. Il y a tant de familles monoparentales que ce n'est pas étonnant que certaines personnes célèbres aient été élevées par un seul parent. Même Barack Obama, le président des États-Unis, a été élevé par sa mère seule.

◀ Juste maman et nous
De plus en plus de femmes élèvent leurs enfants seules, pas parce qu'elles y sont obligées, mais parce que c'est ce qu'elles préfèrent. Souvent cultivées et aisées, elles pensent qu'elles réussiront mieux à élever leurs enfants sans l'aide d'un deuxième parent.

Marions-nous !

Traditionnellement, les anneaux sont le gage d'un accord. Beaucoup de couples échangent des alliances à leur mariage.

LA MOITIÉ DES GENS NE SE donnent pas la peine de se marier, certains dépensent une fortune pour leur mariage, et beaucoup le repoussent jusqu'à ce que leurs enfants soient assez vieux pour apprécier la fête. Le mariage lie deux vies par une très vieille promesse, même si la cérémonie moderne peut être vraiment loufoque.

Au début, le mariage n'était pas une histoire d'alliances et de belle robe, mais un enlèvement : un homme capturait simplement la femme qu'il voulait, souvent dans une autre tribu. Plus tard, les hommes se mirent à acheter ou échanger des femmes.

▲ Un mariage médiéval
Au Moyen-Âge (500-1500), les vêtements de mariage étaient simples, à cause des lois somptuaires. Pour éviter des dépenses extravagantes, les couples n'avaient pas le droit de porter des vêtements ornés d'or ou de pierres précieuses à leur mariage s'ils ne gagnaient pas au moins l'équivalent de 1,9 million de dollars par an.

Les mariages arrangés ▶
Quand Louis de France, duc de Bourgogne, une région de France, se maria en 1697, il était en fait en train de réclamer son dû. Sa femme de 11 ans, Marie-Adélaïde de Savoie (aussi une région de France), lui avait été promise l'année précédente, dans le cadre d'une entente qui mettait fin à une guerre de 9 ans.

▲ Se marier en prison
À Londres, au 18e siècle, les hommes dont les parents désapprouvaient la future mariée pouvaient se marier secrètement… en prison ! Pour une petite somme d'argent, les pasteurs emprisonnés pour dette à la prison de la *Fleet* mariaient des couples dans la chapelle. En 1753, une loi interdit ces mariages.

Une preuve de mariage ▼
À l'origine, au Moyen-Âge, les certificats de mariage étaient des autorisations spéciales qui permettaient à un couple de se marier immédiatement, et en secret. Sans certificat, les mariages devaient être annoncés publiquement trois semaines à l'avance.

◀ Un ancien contrat de mariage
La *Ketouba* juive est un contrat légal qui ressemble aux contrats de mariage que les personnes fortunées signent parfois. Elle précise le montant ainsi que la quantité de nourriture et de vêtements que l'épouse recevra en cas de divorce.

◀ Un certificat de mariage de 1833

L'histoire du mariage

De nombreuses traditions de mariage, comme les costumes spéciaux et les vœux, viennent de la Rome antique. Mais, dans le passé, peu de gens se mariaient par amour. Les riches arrangeaient des mariages pour unir leurs familles. Les pauvres ne faisaient qu'emménager ensemble.

Incroyable! Incroyable! Incroyable!

L'annulaire
L'anneau de mariage se porte au quatrième doigt de la main gauche à cause de la croyance antique (et fausse) qu'une veine spéciale passe dans ce doigt et va directement au cœur. Ou peut-être est-ce parce que les bagues s'abîment moins vite sur ce doigt peu utilisé !

L'illégitimité

Aujourd'hui, personne ne te demande si tes parents sont mariés ou non. Pour bien des gens, être un enfant illégitime (né en dehors du mariage) n'a pas d'importance. Mais, dans le passé, les détails de la naissance étaient très importants. Les enfants illégitimes étaient appelés « bâtards » et ne pouvaient pas hériter de la fortune familiale.

▲ Guillaume le Conquérant
Être un enfant illégitime ne fut pas un problème pour Guillaume le Conquérant. Il devint duc de Normandie (maintenant une région de France) à la mort de son père, qui n'avait jamais épousé sa mère, la fille d'un embaumeur. Surnommé « Guillaume le Bâtard » par ses compatriotes, il conquit l'Angleterre en 1066 et devint le roi Guillaume Ier d'Angleterre.

Autrefois, on vendait les filles à marier.

Sauter par-dessus le balai ▶
Les mariages traditionnels n'étaient pas tous des cérémonies officielles. Les Tsiganes gallois et les esclaves des plantations américaines se mariaient en sautant par-dessus un balai. Aujourd'hui, beaucoup d'Afro-Américains accomplissent ce rituel à la fin de leur cérémonie de mariage.

▲ **Les atours royaux**
Les rois et les reines lancent les modes des vêtements de mariage. La robe blanche choisie par la reine Victoria rendit cette couleur extrêmement populaire dans les mariages. Quand le prince Charles, son arrière-arrière-arrière-petit-fils, se maria en 1981, les mariées britanniques copièrent le style de la célèbre robe de sa femme, Diana.

En blanc ou sous les flots

UN ORGUE JOUE, PUIS UNE MARIÉE EN ROBE blanche entre dans l'église. Cela semble traditionnel, mais les premiers mariages tout en blanc, avec des fleurs et des demoiselles d'honneur, ne datent que du 19e siècle. Ailleurs que dans les églises européennes et américaines, les mariages traditionnels sont bien différents, et certains beaucoup plus colorés.

Le plus surprenant est peut-être le fait que tant de peuples différents partagent des coutumes de mariage semblables. Les gâteaux de mariage, par exemple, étaient aussi populaires chez les Iroquois qu'en Rome antique.

Incroyable! Incroyable! Incroyable!

Marier un arbre
Dans la caste des Brahmanes, en Inde, un homme ne pouvait pas se marier avant ses frères aînés. Si un frère plus jeune trouvait une femme en premier, son frère aîné épousait alors un arbre, afin que la tradition n'entrave pas l'amour.

▼ **Les mariages collectifs**
Tu veux un grand mariage? Pourquoi ne pas te marier en même temps que 2074 autres couples? En 1982, le révérend sud-coréen Sun Myung Moon de l'Église de l'Unification bénit les mariages de cette grande foule au Madison Square Garden, à New York.

Du riz et des souliers

Les coutumes de mariage ont pour but de porter chance, et beaucoup sont populaires partout dans le monde. Lancer du riz ou des grains est un signe que le couple ne souffrira jamais de la faim. Les souliers représentent la richesse (puisque les pauvres sont pieds nus), alors les invités en nouent aux voitures des nouveaux mariés.

◀ **Un mariage bédouin**
Chez les Bédouins, qui vivent dans les déserts d'Afrique du Nord et du Moyen-Orient, les mariages duraient traditionnellement une semaine, à la fin de laquelle un chameau conduisait l'épouse jusqu'à la tente de son mari. Celui-ci fut célébré en 1938.

▲ **Le mariage hindou**
Contrairement aux mariages chrétiens, il n'existe pas de norme dans la célébration des mariages hindous, mais tous sont étincelants et somptueux. Les mariées du clan des Rajputs portent une robe orange, rouge, jaune, rose ou vert vif, et se parent d'or et de bijoux.

▲ **Un mariage marin**
Dans certains pays, les mariages doivent se dérouler dans une église ou dans un endroit officiellement approuvé. Dans d'autres, les lois sont moins strictes. Même les mariages en parachute ou en plongée sont presque normaux, mais les mariés peuvent avoir du mal à s'embrasser!

Aujourd'hui, les gens organisent toutes sortes de mariages loufoques. Mais on peut être sûr que, dès qu'ils sont de nouveau sur la terre ferme, les époux respecteront les rituels et les superstitions qui sont censés avoir porté chance à d'innombrables couples avant eux.

Les coutumes de mariage partout dans le monde font paraître les mariages tout en blanc vraiment ennuyeux.

Grandir en beauté

▲ **Des garçons en jupe**
À peu près jusqu'en 1900, en Europe, les bambins portaient des robes. Les garçons fêtaient la fin de leur enfance en portant pour la première fois des hauts-de-chausses (des pantalons courts). Ici, le roi français Louis XIV se tient près de son jeune frère, encore en robe.

DE NOS JOURS, ON FÊTE PARFOIS CE moment où on quitte l'enfance en organisant une fête ou un bal. Mais aurais-tu hâte qu'arrive ce rituel s'il impliquait la soif et la faim, ou la torture ou la mutilation ? Certaines cérémonies d'initiation peuvent sembler cruelles, mais elles mettaient à l'épreuve la bravoure, la force et l'endurance à des époques où ces qualités étaient plus importantes qu'elles le sont aujourd'hui.

Les garçons autochtones des Grandes Plaines devaient endurer la faim et la solitude dans le cadre de leur quête de vision (voir page suivante). En tant qu'adultes, ils allaient connaître les privations et le danger. La faim et la mort allaient les accompagner.

Qu'ils soient dangereux et effrayants, ou habituels et courants, les rites de passage nous aident à devenir adultes.

◀ **La bar-mitsvah**
Quand leurs enfants grandissent, les croyants organisent des célébrations qui les encouragent à participer davantage à leur foi. Les Catholiques font leur première communion. Les garçons juifs célèbrent leur bar-mitsvah, et les filles, leur bat-mitsvah, en lisant la Torah (le livre saint des Juifs) à voix haute pour la première fois.

Les rites d'aujourd'hui

De nos jours, les fêtes célébrant la transition vers l'âge adulte sont des événements heureux, même s'ils forment sans doute moins le caractère que les quêtes de vision. Mais les rites de passage brutaux n'ont pas complètement disparu. Ils survivent secrètement et illégalement sous la forme de bizutages ou de cérémonies d'initiation dans certaines associations, bandes ou écoles.

La princesse égyptienne Néférourê (dans les bras de son tuteur), avec sa tresse sur le côté

▲ La quête de vision
Ce chaman (sorcier) sioux se rappelle sa quête de vision. Pour un garçon autochtone des Grandes Plaines, la quête de vision était un voyage de découverte de soi. Il passait jusqu'à quatre jours assis seul, jeûnant et assoiffé. Les esprits qui lui rendaient alors visite lui transmettaient un savoir durable.

Incroyable! Incroyable! Incroyable!

Un effrayant plongeon
Certains rites de passage peuvent être terrifiants. Sur l'île de la Pentecôte, dans l'océan Pacifique, les garçons ne deviennent des hommes qu'après s'être jetés, nus, d'une tour de 30 m de haut. Seule une liane attachée à leurs pieds les empêche de se briser le crâne sur le sol.

La première coupe ▲
Dans bien des familles, partout dans le monde, on fête la première coupe de cheveux des bébés, généralement vers l'âge de un à trois ans. Mais dans l'Égypte antique, la première coupe marquait la fin de l'enfance. Les enfants portaient leurs cheveux tressés sur le côté et se réjouissaient quand on leur coupait les cheveux, vers l'âge de 14 ans.

▼ Le bal des finissants
Pour la plupart d'entre nous, l'âge adulte commence quand l'école est finie, alors, partout dans le monde, les étudiants fêtent quand ils obtiennent leur diplôme. Largement imité ailleurs, le bal des finissants américain est un événement formel. Les beaux jeunes gens se mettent en valeur, mais certains étudiants et parents rejettent cet événement, le qualifiant de «défilé de mode coûteux».

Né pour régner, comme papa

AUJOURD'HUI, NOUS SAVONS QUE nous sommes tous égaux, mais, dans le passé, les familles nobles se croyaient meilleures que les autres. Grâce à leur richesse et à leur influence, elles s'assuraient que leurs enfants seraient tout aussi riches et puissants. Appelées « dynasties », ces familles privilégiées, de « bonne éducation », dirigèrent les pays pendant des siècles.

Les dynasties se basaient souvent sur la religion pour justifier leur pouvoir, prétendant qu'elles tenaient leur puissance de Dieu. Leurs citoyens opprimés n'étaient pas d'accord, et, au début du 20e siècle, des révolutions avaient fait tomber la plupart des dynasties. Quelques-unes continuent de gouverner certains pays.

Incroyable! Incroyable! Incroyable!

Le sang bleu
Aujourd'hui, nous plaisantons sur le sang bleu que doivent avoir les snobs. Cette idée vit le jour chez les nobles espagnols du 13e siècle. Les plus vieilles familles espagnoles étaient fières de leur pâleur. Leur peau laissait paraître des veines bleues. Les gens du peuple, qui travaillaient au soleil, étaient bronzés, et on ne voyait pas leurs veines.

▲ **La momie de Ramsès II**

Les pharaons ▲▶
Les Égyptiens de l'Antiquité croyaient que leurs pharaons (rois) étaient des dieux. Grâce à cette croyance, le pays fut dirigé pendant 3000 ans par seulement 30 dynasties. Ramsès II et Néfertari faisaient partie de la 19e dynastie.

▲ **La reine Néfertari, épouse de Ramsès II (13e siècle av. J.-C.)**

Le polo des Tang ▲
La plupart du temps, les dynasties chinoises s'éteignaient dans la guerre, alors qu'une famille prenait la place d'une autre au pouvoir. Chaque dynastie avait un nom. Cette figurine d'une femme jouant au polo date de la dynastie des Tang (7e-10e siècle). Les empereurs chinois vivaient dans un monde privilégié, séparé du peuple qu'ils gouvernaient et qui ne les voyait pas.

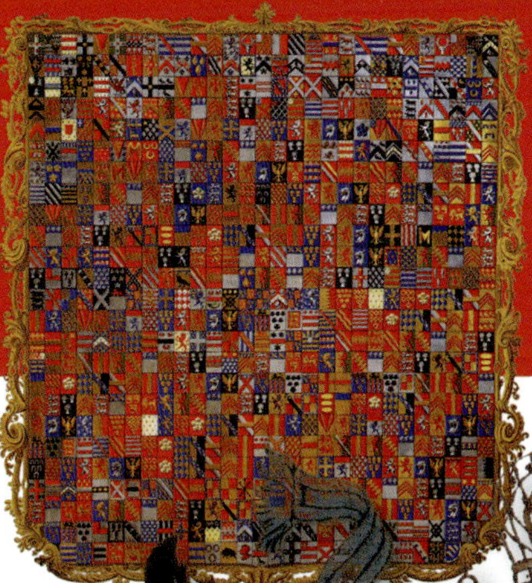

◀ **Des armoiries compliquées**
Les nobles européens étaient fiers de leur ascendance et, quand ils se mariaient, ils combinaient leurs armoiries en assemblant 4 francs-quartiers. Sur quelques générations, c'était possible, mais, au bout d'un moment, cela donnait des armoiries extrêmement compliquées, comme celles-ci, composées de 719 francs-quartiers de noblesse.

Des armoiries ▶ composées

L'oiseau familial ▲
Cet aigle noir figurait dans les armoiries de la dynastie Romanov, qui dirigea la Russie pendant trois siècles. Le dernier tsar (empereur), Nicolas II, portait un manteau de fourrure décoré de perles grosses comme des billes, alors que son peuple mourait de faim. En 1917, son peuple n'en pouvait plus, et des révolutionnaires tuèrent toute sa famille.

Pierre le Grand, un tsar du 17e siècle, apporta dans la chambre de sa femme un bocal contenant la tête d'un homme qui avait flirté avec elle.

Mauvais ou fous ?

Les familles royales et nobles veulent nous faire croire qu'elles ne sont pas seulement riches, mais différentes des gens ordinaires. Cependant, leur comportement trahit la vérité : elles peuvent être tout aussi mauvaises, malhonnêtes, immorales et méchantes que les autres.

La noblesse scandaleuse ▼
La Grande-Bretagne s'est indignée contre la famille Hervey pendant six générations. Au 18e siècle, Élisabeth (en bas) vécut pendant 25 ans avec son amant, le duc du Devonshire, et la femme de celui-ci. Environ 200 ans plus tard, Fred Hervey, le 7e marquis de Bristol, mourut à 45 ans à peine, après avoir dilapidé les 56 millions de dollars de la fortune familiale.

▲ **Élisabeth Hervey**

◀ **Le 4e comte Ferrers**

▲ **Un aristocratique meurtrier**
Laurence Shirley vivait une vie dissolue à Paris avant de devenir le 4e comte Ferrers en 1745. Célèbre pour son mauvais caractère, il poignarda un domestique à cause d'une huître avariée. Après en avoir tué un deuxième par balle, il devint le dernier lord anglais à être exécuté pour meurtre.

Une nouvelle famille

◀ **Trajan**
Les familles romaines sans enfant adoptaient des fils pour qu'ils leur succèdent. Trajan, adopté par l'empereur à 44 ans, lui succéda en l'an 98.

▲ **Les enfants trouvés**
Les enfants qui avaient été abandonnés étaient appelés des « enfants trouvés ». Ceux qui n'étaient pas adoptés étaient accueillis dans des hospices pour enfants trouvés, comme celui-ci, aux États-Unis, au début du 20e siècle.

SI TU AS DÉJÀ RÊVÉ D'UNE CHOSE QUE TU savais ne pas pouvoir avoir, tu comprendras sûrement la magie de l'adoption. Grâce à l'adoption, des couples incapables de concevoir des enfants peuvent se créer une famille. Elle permet aussi que les enfants dont les parents naturels ne peuvent pas les élever grandissent dans des familles aimantes et bienveillantes. Cependant, l'adoption n'a pas toujours été ainsi. Son passé douteux comprend des histoires d'esclavage, de vente de bébés et de mères-louves !

Dans la Rome antique, il y a 20 siècles, les femmes devenues mères malgré elles abandonnaient leurs bébés au bord de la route. Des passants les adoptaient, mais les vendaient aussi souvent en tant qu'esclaves. Dans l'Amérique du 17e siècle, des agriculteurs achetaient les enfants anglais non désirés et les mettaient au travail en tant que « engagés ».

Incroyable ! Incroyable ! Incroyable !

Les familles d'accueil
Les familles vikings s'échangeaient les enfants, accueillant ceux d'une autre famille afin de renforcer les amitiés. Parfois, les parents étaient plus proches des enfants accueillis que des leurs. Une mère grava sur la tombe de son fils d'accueil : « Mieux vaut quitter un bon fils d'accueil qu'un mauvais fils. »

Remus et Romulus ▶
Selon une légende romaine, Remus et Romulus, des jumeaux abandonnés dans un panier, furent trouvés par une louve qui les adopta et les éleva. Devenus adultes, les jumeaux bâtirent la ville de Rome.

▼ Adopté par une célébrité
L'Europe et les États-Unis ont de sévères lois sur l'adoption, alors certaines personnes adoptent des enfants dans des pays où les règles sont moins strictes. Les critiques accusent ces personnes de profiter de la pauvreté des parents naturels, mais leurs défenseurs disent que les enfants adoptés seront plus heureux, plus aisés et en meilleure santé.

Madonna avec son fils adoptif, David Banda, au Malawi

▲ L'adoption
Pour quelques familles, l'adoption devient leur mission dans la vie. Joanne et Scott Nuzum avaient toujours voulu une famille nombreuse. Leur fils Danny a 29 frères et sœurs adoptés, dont la plupart ont des besoins particuliers. Les Nuzum ont agrandi leur maison quatre fois pour tous les loger.

L'adoption de nos jours

Aujourd'hui, les gouvernements contrôlent les adoptions pour protéger les enfants. Ils gèrent aussi le système des familles d'accueil, qui s'occupent des enfants jusqu'à ce qu'ils puissent retourner auprès de leurs parents naturels ou trouvent de nouveaux parents qui les adopteront. Les règles strictes ont pour but de s'assurer que les enfants adoptés ou accueillis sont en sécurité, heureux et qu'ils sont dans une nouvelle famille qui leur convient et avec laquelle ils s'entendent bien.

Jusqu'à ce que les lois du 20e siècle les en empêchent, des parents pouvaient adopter des enfants pour les faire travailler sans les payer.

La famille élargie

COMBIEN DE MEMBRES COMPTE ta famille ? Peut-être quatre ou cinq personnes ? Et si tu inclus tes tantes, tes cousins, tes grands-parents et tous ceux qui se rassemblent lors des mariages ? Tu n'auras sans doute rapidement plus assez de doigts pour les compter. Cette famille élargie qui comprend toutes les personnes vivantes de ta famille peut compter 50 membres, voire plus.

Les Occidentaux ▲
Cette famille nombreuse de l'Indiana est représentative des cultures occidentales. Les membres d'une même famille immédiate portent des t-shirts d'une même couleur. L'arrière-grand-mère se trouve au centre.

Les Iroquois ▲
Ce peuple autochtone conçoit la famille à peu près comme nous. Cependant, un Iroquois appelle « maman » la sœur de sa mère et « papa » le frère de son père, et leurs enfants sont considérés comme leurs frères et sœurs. Dans le sud de l'Inde, les gens utilisent un système semblable.

Les Inuits ▼
Tout comme nous, les peuples du Nord ont des mots pour départager les membres féminins et masculins de leur famille, comme « tante » et « oncle ». Ils distinguent les membres de leur famille immédiate, comme les sœurs, des autres, comme les cousins.

Avec une famille aussi nombreuse, on a besoin de termes comme « cousin » pour se représenter les liens qui nous unissent. D'un continent à l'autre, les gens nomment les membres de leur famille de façons très différentes. Les Hawaïens, par exemple, appellent leurs tantes « maman », et leurs cousins et cousines, « frères et sœurs ».

Tracer l'arbre généalogique d'une famille nombreuse peut être comme dénouer une pelote de laine emmêlée.

Compter les cousins

Les liens qui existent entre les membres d'une même famille peuvent être exprimés de façon très différente d'une langue à l'autre. Certaines de ces façons sont expliquées ici. Et si tu trouves déjà compliqué de comprendre ta propre famille, consulte l'arbre généalogique de la page 44.

Incroyable ! Incroyable ! Incroyable !

Peu de mots
Le chiricahua, la langue de certaines tribus apaches, compte très peu de termes pour désigner les relations familiales. On utilise le même mot, *shideedee*, pour désigner les tantes, oncles, grands-tantes, grands-oncles, neveux et nièces. On emploie *shinale* pour dire « grand-mère », « petit-fils » ou « petite-fille ».

Les Soudanais ▲
C'est peut-être ce peuple du Soudan, en Afrique, qui a le système d'appellations le plus complexe. Dans une famille, presque chaque membre est nommé par un mot différent, dont certains n'ont pas de terme équivalent en français. Il existe huit mots pour rendre « cousin ».

▼ Les Népalais
Au Népal, les gens donnent différents noms à leurs proches selon qu'ils sont plus âgés ou plus jeunes qu'eux. Par exemple, cette petite fille au milieu n'a pas un seul mot pour parler de ses frères. Elle appelle « *dai* » son grand frère et « *bhais* » ses petits frères.

Des familles,
des amis ou des criminels ?

La Mafia ▲
Dans le film *Le Parrain*, datant de 1972, Marlon Brando joue le rôle du chef d'une famille criminelle de New York. Le récit et les personnages sont basés sur la Mafia. Cette société criminelle secrète est née en Sicile au 19e siècle. Certains de ses membres immigrèrent aux États-Unis et la reproduisirent là-bas, s'enrichissant et gagnant du pouvoir grâce au trafic de drogue, au chantage et à la vente d'armes.

FONDER UNE SOCIÉTÉ SECRÈTE PEUT ÊTRE une façon excitante d'unir des amis par un lien que tous jurent de ne jamais briser. Certains d'entre nous conservent réellement ce lien. Les serments que nous faisons sur le terrain de jeu peuvent nous aider à rester en contact toute notre vie avec nos amis d'enfance.

Les serments secrets, qui comprennent une peine pour ceux qui le rompent, ne sont pas que des amusements de cour d'école. Des organisations criminelles puissantes, comme la Mafia, emploient la même méthode pour assurer la loyauté des membres envers ce qu'ils appellent souvent la « famille ».

Une pratique ancienne

Au Moyen-Âge, les membres des corporations de métiers promettaient de garder secrètes les techniques qu'ils apprenaient. Des associations modernes, comme la franc-maçonnerie, imitent les liens de fraternité des corporations de métiers.

Incroyable ! Incroyable ! Incroyable !

Le Balafré et sa famille
Dans les années 1920, une famille criminelle dirigée par Al Capone, surnommé le « Balafré », contrôlait Chicago et même le maire de la ville. La puissance de Capone terrifiait tant ses victimes que personne ne voulait témoigner contre lui. Quand il fut enfin emprisonné, ce fut pour n'avoir pas payé ses impôts sur le revenu.

◀ La franc-maçonnerie
Rien qu'en Grande-Bretagne, la franc-maçonnerie compte 300 000 hommes, qui ont prêté serment lors d'une cérémonie d'initiation. Les membres affirment que c'est une fraternité charitable. Mais d'autres avancent que les faveurs que les membres se font sont au mieux injustes, au pire illégales.

Un vœu de silence protège les secrets de la Mafia, et ses membres sont plus loyaux envers leurs frères criminels qu'envers leur propre famille.

Les associations criminelles, comme la Mafia ou les Yakuzas, protègent leurs membres de la police et du gouvernement. Elles peuvent devenir plus puissantes que ces deux organismes, prenant le pouvoir dans les villes à l'aide de pots-de-vin et de menaces.

Dans la famille

Les membres des bandes sont avantagés parce que leurs compétiteurs commerciaux n'osent pas s'opposer à eux. Mais cet atout peut leur coûter très cher. S'ils sortent des rangs ou refusent d'aider l'un des leurs, la famille se fait rapidement justice, d'une façon mortelle.

Les familles yakuzas ▲▶
Les tatouages qui recouvrent tout le corps sont une caractéristique des familles yakuzas du Japon, qui sont responsables de la majorité des crimes de ce pays. Le tiers des meurtres du pays et les deux tiers des chantages sont le fait des membres des Yakuzas. Les symboles ci-dessus représentent les quatre plus grandes bandes de Yakuzas.

À quoi sert un nom ?

À BEAUCOUP DE CHOSES ! UN NOM dit au monde qui nous sommes, mais aussi qui étaient nos ancêtres. Personne n'était plus certain de l'importance du nom que les Égyptiens de l'Antiquité. Ils croyaient que, en détruisant le nom d'une personne, on détruisait aussi tous les souvenirs d'elle ; quelqu'un qui n'avait pas de nom n'avait jamais existé.

Nos ancêtres avaient plusieurs façons de former leur nom : parfois à partir de l'endroit d'où ils venaient (Normand), de leur travail (Boucher), de leurs qualités (Vaillant) ou de leurs particularités (Leroux).

Les noms des esclaves ▲
Les Afro-Américains modifient parfois leur nom de famille afin de se libérer des souvenirs de l'esclavage. Aux États-Unis, on donnait aux esclaves le nom de leur propriétaire. Cette photo de la famille Whole, d'anciens esclaves, a été prise dans les années 1900 en Géorgie, devant une plantation.

Incroyable ! Incroyable ! Incroyable ! Incroyable !

Des prénoms absurdes
Beaucoup de pays interdisent de donner à un enfant un prénom qui pourrait l'embarrasser. Au Québec, le Directeur de l'état civil a refusé qu'un enfant soit appelé « Spatule ». En revanche, des parents ont pu appeler leur fille C'est-un-ange.

Des noms courants ▲
Le nom de famille le plus courant dans le monde est Li, un nom chinois. Plus de 60 empereurs de Chine ont porté ce nom de famille, y compris, au 7e siècle, l'empereur Taizong (en haut), de la dynastie des Tang.

◀ Un arbre généalogique
Si tu essaies de recenser tes ancêtres, tu obtiendras un graphique dont les branches se séparent en deux à chaque mariage. Cela s'appelle un « arbre généalogique » parce que, avec toi représentant le tronc, cela ressemble à un motif de branches et de leurs ramifications. Ton nom de famille ne figure que sur une des deux branches qui partent du tronc. Cet arbre généalogique est celui du duc allemand Ludwig von Herzog, élaboré en 1585.

▲ De prénom au nom de famille
Les noms de famille peuvent parfois être formés à partir du prénom du père. En anglais, par exemple, Williamson signifie « fils de William ». On appelle les noms formés ainsi des « noms patronymiques ». Les Russes portent chacun un prénom, un nom de famille et un nom patronymique.

Trop précieux pour s'en servir ▶
Les aînés des peuples autochtones attribuaient des prénoms aux enfants en se basant sur leurs rêves ou leurs visions, mais il était mal élevé d'utiliser ces prénoms personnels dans une conversation. On utilisait plutôt des surnoms. Le nom de ce chef sioux est Frappe avec le nez.

Des familles sans nom

Nos ancêtres n'ont pas toujours porté des noms. Les noms de famille chinois sont peut-être les plus anciens. Ils sont apparus il y a 4 700 ans, quand l'empereur Huangdi a donné des noms différents à ses 12 fils. Ceux-ci les ont transmis à leurs enfants. La plupart des Japonais n'avaient pas de nom de famille avant le 19e siècle. Encore aujourd'hui, les Tibétains reçoivent deux prénoms, mais aucun nom de famille.

Un amateur de soccer a donné à son enfant les prénoms des 11 joueurs de l'équipe gagnante de la coupe d'Angleterre, en 1965.

Du ghee et du miel

◀ La cérémonie du nom
Dans la plupart des religions, on attribue un prénom à un enfant lors d'une importante cérémonie. Ce couple hindou nomme sa fille au cours d'une cérémonie appelée Namakarana. Le père donne à sa fille du miel et du ghee (du beurre clarifié) sur un anneau et lui chuchote son prénom à l'oreille.

Des parents variés

Les familles ne sont pas toutes constituées d'un seul père et d'une seule mère. Les enfants qui grandissent dans des familles homoparentales ont bien sûr deux mères ou deux pères. Mais dans d'autres familles, un des parents peut être polygame, c'est-à-dire qu'il a plusieurs partenaires. Il est rare qu'un homme ait plusieurs femmes, et plus encore qu'une femme ait plusieurs maris, et ces deux possibilités sont illégales dans de nombreux pays. Cependant, les communautés où les parents partagent leurs partenaires et leurs enfants sont assez courantes.

Une statue de la princesse Draupadi et de ses cinq maris

▲ Des maris supplémentaires
Dans l'épopée indienne du *Mahabharata*, vieille de 3000 ans, la princesse Draupadi prend 5 princes pour époux. Même quand cette épopée fut écrite, l'idée d'une femme ayant tant d'époux était choquante. Dans les siècles qui suivirent, ce type d'unions fut rare, sauf là où les hommes étaient beaucoup plus nombreux que les femmes.

Dans certains pays musulmans, un homme peut épouser plusieurs femmes, si la première épouse est d'accord. Peu d'hommes le font, en partie parce que les grosses familles coûtent cher. Peu de femmes peuvent avoir deux maris, mais, dans l'Himalaya, en Asie, une femme pouvait épouser deux frères pour que leurs terres restent dans la même famille.

▼ Les communautés de hippies
Dans les années 1960, de nombreux hippies rejetaient l'idée « démodée » du mariage et entrèrent dans des communautés, comme la Hog Farm (« ferme aux cochons »), en Californie. Il s'agissait de tout partager, y compris les enfants, comme une grande famille. Dans les faits, les hommes se partageaient les femmes, et ces dernières se partageaient les corvées.

▶ La communauté d'Oneida
Fondée en 1848 à Oneida, New York, cette communauté religieuse atteignit rapidement 300 membres. Leur mariage de groupe et leur partage des soins aux enfants scandalisèrent l'opinion publique. La communauté ferma en 1881, et Oneida est maintenant une usine de couverts !

Incroyable ! Incroyable ! Incroyable ! Incroyable !

Les mères mormones
Joseph Smith, qui a fondé l'Église mormone au 19e siècle, avait beaucoup de femmes, comme d'autres mormons. Le mariage multiple des hommes continua jusqu'en 1904, quand l'Église l'interdit sous la pression du gouvernement américain.

De grandes familles heureuses

Dans les communautés, plusieurs parents prennent soin de tous les enfants. Au 19e siècle, les gens créèrent des communautés, comme celle d'Oneida, pour des raisons politiques ou religieuses. Dans les années 1960, grâce aux hippies, les communautés redevinrent à la mode, mais pas de façon officielle, parce que les lois européennes et d'Amérique du Nord imposent que le mariage ne comporte que deux personnes.

Nezahualpilli, le dirigeant aztèque de la ville mexicaine de Texcoco, prétendait avoir plus de 2 000 femmes.

▼ Un père, deux mères
Cette famille musulmane de la province chinoise du Xinjiang a deux mères et un père. Le Coran, le livre sacré des musulmans, autorise un homme à prendre jusqu'à quatre épouses. Quand le Coran fut écrit, au 7e siècle, c'était une restriction, parce que les hommes riches avaient bien plus de quatre femmes.

Un garçon ou une fille ?

Incroyable ! Incroyable ! Incroyable !

Les enfants romains
Les anciens romains préféraient les garçons, mais les lois romaines obligeaient les familles à élever leur fille première-née. Selon un proverbe romain, « Tout père, y compris un père pauvre, élèvera son fils, mais même un homme riche abandonnera sa fille ».

POUR UNE FEMME ENCEINTE, LES chances d'avoir un garçon et celles d'avoir une fille sont les mêmes que celles de tomber sur pile ou sur face. On a autant de chances d'avoir l'un que l'autre. Pourtant, si les familles pouvaient choisir d'avoir des fils ou des filles, il y aurait bien plus de garçons que de filles. Tu te demandes pourquoi ? Demande à un homme des cavernes.

La chasse au mammouth

Les garçons sont souvent plus grands et plus forts que les filles, et, quand la survie de la famille dépendait de la chasse ou de l'issue d'une bataille, on célébrait la naissance d'un garçon. Plus tard, quand la chasse fut remplacée par l'agriculture et l'industrie, les hommes ont continué à désirer des fils pour qu'ils héritent de leur richesse et leur pouvoir.

▼ La politique de l'enfant unique
Les écoles chinoises résonnent de voix de garçons. À cause d'une loi de 1980, qui oblige les familles à n'avoir qu'un enfant, il y a beaucoup plus de garçons que de filles. Maintenant, il y a plus de 13 hommes pour 10 femmes dans les zones rurales.

Quand un homme mourait, il transmettait tout à ses fils. Le nom de famille était aussi transmis par les fils. Les filles prenaient le nom de famille de leur époux quand elles se mariaient.

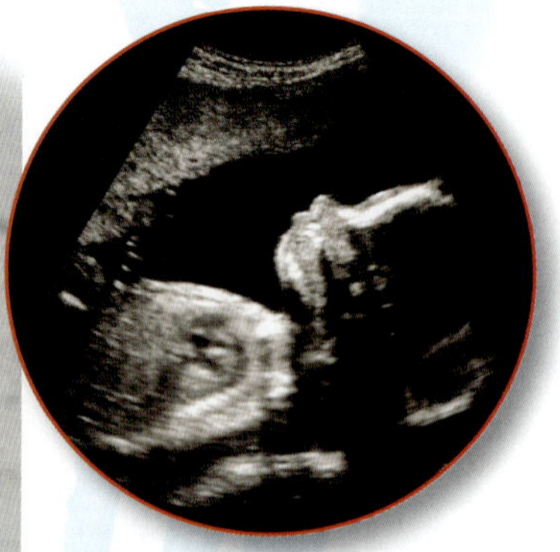

▲ Une échographie
Les échographies pratiquées avant l'accouchement (en haut) révèlent le sexe du bébé et indiquent s'il développera toute maladie génétique dont les parents sont atteints. Ces parents peuvent maintenant aussi faire passer des tests à leurs ovules avant d'effectuer une fécondation *in vitro*.

◀ **Le roi veut un fils!**
Les lois anglaises introduites au 11e siècle transmettaient la richesse familiale au fils premier-né à la mort du père. Le fils du roi recevait aussi la couronne. C'est pourquoi Henri VIII divorça d'une de ses femmes et en fit exécuter une autre avant que la troisième, Jeanne Seymour, lui donne un fils, le futur roi Édouard VI.

Une jeune Somalienne porte des perles d'argent et d'ambre synthétique qui font partie de sa dot.

De nombreux parents sans fond de retraite pensent que leurs fils s'occuperont d'eux quand ils seront trop vieux et fatigués pour travailler.

Les filles condamnées

Les anciens Grecs et Romains laissaient les filles nouveau-nées mourir dans le froid. Même après que ces meurtres furent devenus illégaux, plus de filles que de garçons continuèrent de mourir par manque de soins. De nos jours, tuer ou négliger ses enfants est partout un crime, mais certains parents décident de ne garder que leurs fils.

Les dots ▶
Dans les régions où existe la coutume de la dot, les filles coûtent cher aux familles. Une dot est un cadeau que fait la famille de la mariée au mari de celle-ci. Cette femme somalienne porte une partie de sa dot: un collier de grande valeur. Certaines mariées apportent un trousseau de vêtements et de linge de maison, ce qui est une version de la tradition de la dot.

Une sculpture d'ancêtres en argile datant du 2e siècle

Vivre ensemble

Vivre avec les morts ▲
Si tu penses que la mort est un voyage vers une autre vie, tu peux trouver correct de partager ta maison avec tes ancêtres morts. Dans des endroits aussi éloignés que l'Écosse, Chypre et l'Amérique centrale, des gens avaient des tombes sous leurs planchers. Ces personnages décoraient l'une d'elles au Mexique.

LES HUMAINS AIMENT AVOIR de la compagnie. Nous partageons nos foyers avec nos parents ou nos enfants, et souvent un ou deux animaux de compagnie. Certaines familles vont bien plus loin. Elles emménagent avec tous les animaux de la ferme, voire avec leurs ancêtres décédés.

La taille du foyer a moins d'importance que les coutumes. Dans les endroits où la tradition veut que des familles entières vivent ensemble, trois ou quatre générations peuvent partager de minuscules habitations exiguës. Cependant, de nos jours, dans plusieurs pays, les personnes âgées préfèrent vivre seules, même quand leurs enfants disposent d'une chambre libre pour les loger.

Là où se loger coûte cher, il est fréquent que quatre générations partagent un logement.

◀ Dans la famille
Cette famille vit actuellement en Mongolie, en Asie centrale, et fait entrer les agneaux nouveau-nés dans sa yourte (tente) pour les protéger des intempéries. C'était courant dans le passé : le foyer familial était aussi une étable ou un abri pour les animaux d'élevage.

Des usages différents

Les coutumes et habitudes différentes ne portent pas seulement sur les personnes qui s'entassent dans le foyer familial, mais aussi sur ce qui s'y passe. Il y a un siècle, le foyer familial était au centre de la vie et des loisirs des gens. De nos jours, cependant, nous avons plutôt tendance à considérer notre logement comme l'endroit où nous mangeons, dormons et nous lavons avant de sortir pour mener nos vies actives et indépendantes ailleurs.

Les enfants boomerangs ▲
À cause du chômage et de la hausse des coûts du logement, de plus en plus d'enfants retournent chez leurs parents après leurs études. Aujourd'hui, la moitié des étudiants universitaires pensent retourner vivre chez leurs parents après avoir obtenu leur diplôme.

Incroyable! Incroyable! Incroyable!

La chaleur des animaux
L'élevage efficace des animaux n'est pas la seule raison pour les garder dans le foyer. Les animaux peuvent remplacer le chauffage central. Une vache produit environ un kilowatt de chaleur, soit autant qu'un petit radiateur, et une truie et ses petits, presque un demi-kilowatt.

▲ La famille victorienne
Au 19e siècle, dans les villes anglaises, les familles se retrouvaient chez eux pour prendre la plupart de leurs repas, ainsi que pour faire des travaux manuels et s'amuser ensemble, sous l'œil vigilant du père de famille. Seuls les adultes menaient des vies indépendantes à l'extérieur du foyer.

▼ Manger seul
Auparavant, on mangeait en famille deux fois par jour, mais quand les membres d'une même famille ont des emplois du temps différents, la plupart se retrouvent à manger seuls. Uniquement une famille sur 20 mange maintenant ensemble à table, et un tiers des familles n'utilisent celle-ci que pour Noël et les anniversaires.

Les activités en famille

QUE DEVRIONS-NOUS FAIRE AUJOURD'HUI ? Où passerons-nous les vacances ? Ce sont des questions modernes. Il n'y a pas si longtemps, seules les familles qui avaient des esclaves ou des domestiques pouvaient régulièrement prendre le temps de se détendre ensemble. Pour les autres, les fêtes comme Noël et Pâques étaient les seuls moments où elles pouvaient se retrouver, célébrer et s'amuser.

L'augmentation des richesses a permis aux gens de passer plus de temps ensemble, et la technologie leur a procuré de nouvelles choses à faire. L'invention du chemin de fer au 19e siècle a fourni un moyen de transport bon marché, permettant à davantage de familles de prendre des vacances. Au 20e siècle, les gens ont pu apprécier ensemble le cinéma, la radio et la télévision.

▲ **Les fêtes spéciales**
Bien que les chrétiens n'aient commencé à fêter Noël que vers l'an 350, ce n'est qu'au 19e siècle que c'est devenu une occasion pour les familles nombreuses de se rassembler. Même alors, les familles riches pouvaient plus facilement apprécier ces festivités. La jeune domestique à gauche de l'illustration ne passe pas Noël avec sa propre famille.

Les vacances d'été ▲
Les vacances avec des manèges qui décoiffent et de la crème glacée ne sont devenues possibles qu'au 20e siècle, quand les lois ont assuré des congés payés aux travailleurs. Avant cela, les ouvriers n'avaient droit qu'à une semaine de congé non rémunérée. Beaucoup de familles avaient seulement les moyens d'aller à la campagne ramasser des fruits.

Des numéros en famille

Exécuter des numéros ensemble aide une famille à être en harmonie, même si les membres se disputent quand ils ne sont plus en scène ! Le groupe musical des frères Jonas perpétue une tradition qui remonte aux Jackson, et même au-delà, et les numéros familiaux de cirque sont aussi vieux que le cirque lui-même.

Les familles de cirque ▲
Les artistes de cirque commencent à s'entraîner presque dès leurs premiers pas, alors ce n'est pas étonnant qu'ils se produisent avec leurs parents, qui leur ont enseigné cet art. Les équipes familiales conviennent particulièrement au trapèze : les membres les plus forts rattrapent les plus petits, qui font les sauts.

Comme avant

Aujourd'hui, la technologie façonne ce que nous faisons ensemble. Même en vacances, nous pouvons rester en contact avec nos amis et notre famille grâce au téléphone et aux ordinateurs. Mais certains divertissements familiaux ne changent pas. Comme nos grands-parents, nous aimons regarder des compétitions sportives ou aller magasiner.

▲ Aller aux champignons
Une sortie en famille pour aller cueillir des champignons est une tradition automnale en Europe, au Japon et aux États-Unis. Les parents expliquent comment identifier les champignons, parce que, à cause d'une erreur, un repas peut devenir mortel.

Les domestiques victoriens travaillaient tous les jours, sauf le jour de la fête des mères, qu'ils pouvaient passer en famille.

Incroyable ! Incroyable ! Incroyable !

Toute une équipe
Les blagues sur les familles assez nombreuses pour former des équipes sportives ne faisaient pas rire la famille Rodriguez. Dans les années 1960, au Texas, ses 14 membres gagnaient leur vie en faisant les récoltes et se détendaient en jouant au baseball. La famille Rodriguez, qui comptait 6 frères et 6 sœurs, pouvait composer une équipe, avec ses remplaçants !

Travailler ensemble

Incroyable! Incroyable! Incroyable!

Le salaire minimum
Des familles entières travaillent pour un salaire de misère dans les ateliers clandestins. En 1911, les familles new-yorkaises fabriquaient 150 fleurs en papier en une heure, mais ne gagnaient que un dollar par jour. Aujourd'hui, les ateliers clandestins du Sud de l'Asie qui fabriquent des chaussures de sport et des ballons de soccer paient à peine mieux.

Les enfants mineurs ▲
Les garçons accompagnaient leur père dans les mines pour apprendre à extraire le charbon. Ce garçon attelait les chariots à charbon dans une mine du Tennessee en 1910. Il s'écoula 30 ans avant que des lois interdisent aux enfants d'occuper des emplois dangereux.

DANS LE PASSÉ, les membres d'une famille qui vivaient ensemble travaillaient aussi souvent ensemble. En observant leurs parents, les enfants acquéraient d'utiles compétences, simples au début, puis de plus en plus complexes. Devenus adolescents, ils travaillaient aussi vite que leurs parents, voire plus rapidement.

Tous les membres de la famille travaillaient, même les plus jeunes. Dans les fermes, les jeunes enfants effrayaient les oiseaux pendant que leurs parents désherbaient. Dans les villes, des enfants de trois ans triaient la paille que leurs parents tressaient pour en faire des chapeaux. En 1720, le visiteur d'un tisserand nota avec plaisir que toute la famille travaillait, « du plus jeune au plus âgé ».

Les ateliers clandestins à New York ▲
Les immigrants européens qui arrivaient aux États-Unis au début du 20e siècle n'avaient pas d'argent. Entassés dans de minuscules logements, les gens exécutaient en famille des tâches peu rémunérées, comme écaler des noix. On a surnommé ces locaux des « ateliers clandestins ».

Rentrer les récoltes ▼
Les récoltes n'attendent pas. Si on ne ramasse pas les cultures, elles pourrissent, alors toute la famille participe aux récoltes. Cette photo a été prise en 1944 dans le Maine, aux États-Unis, mais, dans les zones rurales, les enfants manquent encore l'école quand vient le temps de récolter les pommes de terre.

Observe et apprends ▶ Les savoir-faire peuvent sauter des générations. Ce garçon de l'Assam, dans le nord-est de l'Inde, regarde son grand-père pêcher. Il pourra enseigner à ses propres petits-enfants ce qu'il est en train d'apprendre.

La pauvreté familiale

Les enfants qui travaillaient avec leurs parents apprenaient des compétences utiles, mais le travail en famille avait aussi des côtés sombres. Tout le monde mettait la main à la pâte parce que, sans les enfants, la famille risquait de mourir de faim. Le travail à domicile et à la ferme était mal payé, et les familles ne pouvaient survivre qu'en travaillant du lever au coucher du soleil.

Le droit du travail américain ne protège pas les enfants qui travaillent dans la ferme familiale (souvent à des tâches dangereuses).

Une famille au travail ▼ Les vaches doivent être traites deux fois par jour, alors, dans cette ferme familiale, tous participent à la tâche. Ils le font à la main, parce qu'ils font partie des amish, un groupe religieux qui rejette toute aide mécanique.

La pêche sous la glace ▲ Pour les Inuits de l'Arctique, la pêche n'était pas un loisir, mais un savoir-faire essentiel qui se transmettait de père en fils. Maintenant, la plupart des Inuits achètent leur nourriture, mais la tradition ne s'est pas perdue.

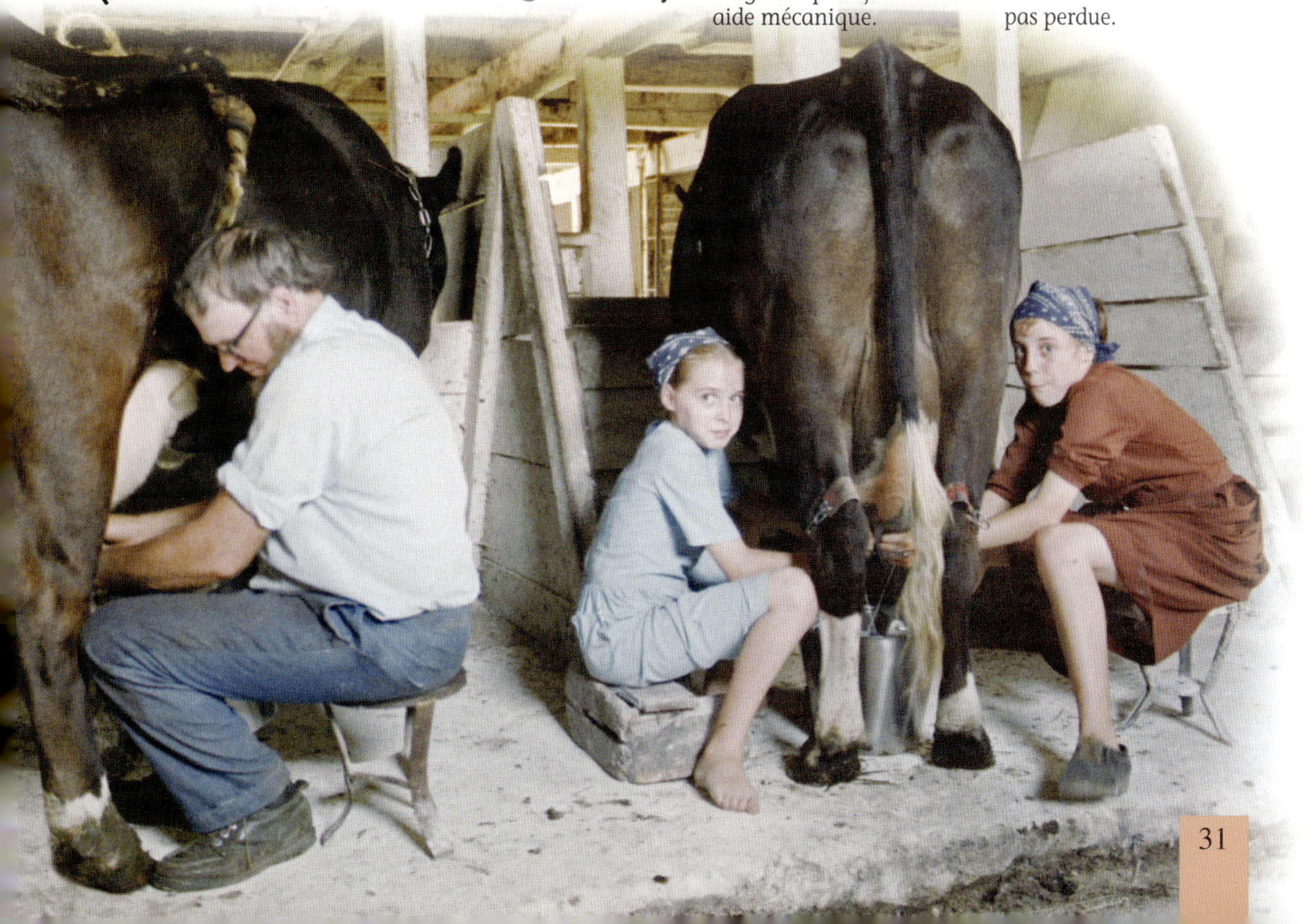

Qui est le chef ?

La matriarche ▲
Les Mosuos du lac Lugu, en Chine, vivent dans l'une des rares sociétés où les femmes dirigent. On appelle cette communauté le « royaume des femmes ». Là, les femmes sont les chefs de famille, et ce sont aussi celles qui travaillent le plus.

Le patriarche ▼
La tradition voulant que le père contrôle tout est très ancienne. La démocratie de la Grèce antique est célèbre. Tout le monde, à condition d'être un homme, était responsable des décisions politiques. Les femmes ne comptaient pas, en politique comme à la maison.

ON NE PEUT PAS DÉSOBÉIR À CET ORDRE : « Tu le fais MAINTENANT, parce que je te dis de le faire et que je suis ton père ! » Les pères imposent les lois, parce que, encore de nos jours, dans bien des pays, ce sont les hommes qui contrôlent la plupart des familles. Les pères donnent traditionnellement leur nom à leur famille. Et jusqu'à récemment, tout ce que possédait une famille appartenait au père.

Les sociétés dans lesquelles les hommes dirigent sont qualifiées de « patriarcales », mais il existe d'autres types de sociétés. Dans quelques endroits du monde, les familles sont matriarcales. Dans ce cas, les enfants prennent le nom de leur mère, et les femmes possèdent tous les biens.

Le pouvoir des enfants

Certains parents partagent maintenant l'autorité, et les enfants ont parfois leur mot à dire dans les décisions familiales. Il y a un siècle, les enfants n'étaient pas grand-chose de plus que la propriété de leur père. Mais depuis les années 1970, des militants pour les droits des enfants s'assurent que ces derniers sont respectés et traités comme des individus.

Incroyable ! Incroyable ! Incroyable !

Les enfants aux commandes
En Europe, au Moyen-Âge, les enfants étaient aux commandes de la famille et disaient à leurs parents quoi faire, mais seulement une journée par an. Lors de la fête des Fous, le 1er janvier, tout le monde changeait de rôle. Un enfant paysan devint évêque pour la journée.

« Pourquoi se passer les menottes en se mariant? » – une Chinoise de l'ethnie des Mosuos, au sujet de sa société, dont les familles sont dirigées par des femmes.

Les droits des enfants ▶
Dans certains pays, la loi permet aux enfants qui ne sont pas satisfaits des soins et des décisions de leurs parents d'être émancipés. Drew Barrymore, une actrice hollywoodienne, a eu une enfance extravagante et a obtenu son émancipation à l'âge de 15 ans.

L'étoile de Drew Barrymore sur le Walk of Fame (la promenade des Célébrités) à Hollywood

Partager les tâches ▲
Les femmes qui demandent que soient partagés les tâches, les décisions et tout ce qui concerne la famille n'obtiennent pas toujours ce qu'elles demandent. Bien que les pères s'occupent aussi des enfants et que les deux partenaires travaillent à l'extérieur, les recherches montrent que les femmes accomplissent encore la plupart des tâches domestiques.

Le pouvoir des mères

À la fin du 19e siècle, les femmes obtinrent plus de poids dans les décisions familiales grâce à une campagne qui réclamait davantage de droits pour les femmes. Appelées les « suffragettes », ces militantes obtinrent le droit de vote pour les femmes et l'accès à l'éducation. Plus tard, le mouvement féministe des années 1960 et 1970 aida les mères à obtenir un rôle plus juste au sein des familles.

Demande à la gardienne

◀ Travailler au pair
Beaucoup de parents engagent des jeunes au pair, généralement des jeunes femmes étrangères, pour les aider à s'occuper des enfants. L'expression « au pair » qualifie un travailleur logé et nourri, et qui ne reçoit qu'un peu d'argent de poche.

DANS LE PASSÉ, LES PARENTS RICHES qui étaient trop occupés, trop paresseux ou trop délicats pour élever leur famille trouvèrent la solution parfaite : les gouvernantes. Ces mères à louer s'occupaient des enfants afin que leurs vrais parents n'aient pas à le faire.

Déjà, en Égypte antique, il y a 3 300 ans, il y avait des bonnes d'enfants, mais l'emploi de gouvernante est plus récent. Il a vu le jour vers 1800. À cause de la croissance de la population, de plus en plus de jeunes femmes cherchaient du travail. Et plus de parents que jamais étaient assez riches pour engager des gouvernantes.

Les frères de lait ▲
Les nourrices existent depuis l'Antiquité. Dans les sociétés musulmanes, les enfants allaités par une même nourrice sont frères et sœurs de lait. Ils ne peuvent pas se marier entre eux, et les règles qui séparent les hommes et les femmes de familles différentes ne s'appliquent pas à eux.

Élevé par des singes ▶
Dans un roman d'Edgar Rice Burroughs publié au 20e siècle, des singes élèvent un garçon dans la jungle. Il devient Tarzan, l'homme-singe, qui peut parler à tous les animaux. Dans la réalité, il est extrêmement rare que des animaux élèvent des humains.

Les nourrices ▲
La peinture ci-dessus représente le roi français Louis XIV avec sa nourrice. Les mères qui avaient perdu leur enfant pouvaient décider d'allaiter ceux de familles riches, avant que l'allaitement au biberon devienne sécuritaire il y a un siècle.

Incroyable! Incroyable! Incroyable!

Les loups russes
En 2007, on a dévoilé un fait divers très semblable à l'histoire de Remus et Romulus (voir page 14). La police a secouru un garçon qui avait été élevé par des loups dans une forêt de Russie centrale. Le « garçon-loup » grondait et mordait, ne savait pas parler et mangeait comme un animal.

Les gouvernantes aux commandes

Les riches familles européennes du 19e siècle laissaient les gouvernantes s'occuper de presque tout ce qui concernait les soins des enfants. Certains parents ne voyaient leurs enfants que brièvement, quand la gouvernante en uniforme les leur présentait après le thé.

◀ **Des gouvernantes empesées**
Les gouvernantes commencèrent à porter un costume spécial, différent de celui des autres domestiques, vers 1850. Leur uniforme amidonné ressemblait à celui des infirmières victoriennes. Ces deux uniformes les protégeaient contre les taches et les odeurs.

Le lien étroit qu'avaient les gouvernantes avec la famille faisait d'elles les domestiques les plus influentes de la maison.

Depuis déjà plusieurs décennies, les parents veulent participer davantage à la vie de leurs enfants, et peu d'entre eux peuvent s'offrir les services de domestiques à plein temps. Beaucoup se font aider, par exemple, par des gardiennes d'enfants. Dans les quartiers huppés des villes, certaines familles continuent pourtant de confier leurs enfants à de vraies gouvernantes.

Mary Poppins ▶
Les gouvernantes étaient réellement aussi sévères qu'on le disait dans les contes pour enfants, comme *Mary Poppins*. Comme le disait l'employeur du personnage dans le film de 1964, « une gouvernante doit être un général : tradition, discipline et règle... Sans cela, c'est une épouvantable pagaille ».

Des enfants responsables

Incroyable ! Incroyable ! Incroyable !

Les risques du gardiennage
Au Moyen-Âge, les enfants en gardaient souvent d'autres. En 1397, Will Cok, un petit Anglais de un an, est mort brûlé parce que son frère de quatre ans avait laissé son berceau trop près du feu. Les gardiens d'enfants devaient aussi les protéger des murs qui s'écroulaient, de la noyade et des cochons, qui risquaient de les dévorer.

LA PLUPART D'ENTRE NOUS ne deviennent parents qu'une fois adultes. Mais quelques enfants malchanceux doivent s'occuper d'une famille alors qu'ils n'ont pas fini de grandir. Dans certains pays, quand la guerre ou le sida emporte leurs parents, les enfants doivent prendre soin de leur famille. La pauvreté ou la maladie peut aussi forcer parents et enfants à échanger les rôles.

▼ Participer aux frais
En 1910, ces enfants américains vivaient dans un ancien poulailler et cueillaient des fruits pour aider leur famille à survivre. Aujourd'hui, ce serait illégal, mais de nombreuses familles pauvres américaines ont besoin de l'argent que leurs enfants ont gagné pendant les vacances.

▼ S'occuper des aînés
Un adulte peut être heureux de prendre soin de son parent ou d'un de ses grands-parents vieillissant, mais, pour un adolescent, cela peut être une immense responsabilité. Les enfants qui s'occupent d'un proche doivent grandir vite, peuvent perdre leurs amis de vue et finissent souvent par manquer l'école.

Bien sûr, il n'est pas nouveau que des enfants doivent gagner de l'argent ou s'occuper de leurs frères et sœurs ou des aînés de la famille. Ce qui l'est, c'est le nombre d'enfants qui doivent le faire de nos jours. Et il y a de plus en plus de raisons pour lesquelles les rôles familiaux basculent ainsi.

▲ **Garder des enfants**
Aujourd'hui, c'est une façon pour les adolescents de gagner un peu d'argent, mais, dans le passé, garder des enfants était une corvée non payée qui permettait aux jeunes filles d'apprendre à être parent. Ce tableau de William Bouguereau, qui date de 1871, représente une jeune Française qui s'occupe de son jeune frère.

Prendre soin de ses frères et sœurs

Rien qu'en Chine, plus de 58 millions d'enfants ont été abandonnés par leurs parents quand ceux-ci sont partis à la ville chercher du travail et des salaires plus élevés. Et, en Afrique, 12 millions d'enfants ont perdu au moins un parent à cause du sida. Beaucoup de ces enfants abandonnés élèvent maintenant leurs jeunes frères et sœurs.

Plus de la moitié des enfants chinois abandonnés doivent prendre soin d'eux-mêmes.

Les familles décimées par le sida ▶
Dans certaines régions d'Afrique, tant de parents meurent du sida que c'est un enfant qui est en charge d'une famille sur 10, comme cette jeune fille de Tanzanie. Des enfants de huit ans sont obligés d'élever leurs frères et sœurs, souvent après avoir pris soin de leurs parents mourants.

Une famille de rechange

RIEN NE VAUT CE SENTIMENT d'appartenance que l'on éprouve lorsqu'on fait partie d'une famille, mais lorsqu'on est membre d'une école, d'une bande ou d'un club, cela peut s'en approcher. Ceux qui entrent dans ces groupes spéciaux les décrivent parfois comme des familles et s'appellent mutuellement « frère » et « sœur ». Les liens et l'amitié qu'ils développent peuvent être aussi forts que les liens familiaux.

▲ **Les familles de la rue**
Les enfants de la rue, comme ces vendeurs de journaux du début du 20e siècle au New Jersey, sont constamment en danger. Ils apprennent alors rapidement à se serrer les coudes comme des frères et à se défendre les uns les autres. Les vendeurs de journaux avaient chacun leur coin habituel et se rassemblaient pour chasser les intrus.

▲ **Les kibboutz**
Établis pour la première fois en 1909 en Palestine, les kibboutz étaient des communautés juives où les enfants étudiaient et vivaient ensemble. Grandir dans un kibboutz développait un sentiment fraternel entre les enfants juifs et les incitait à défendre l'État d'Israël.

Au Moyen-Âge, les parents comprenaient l'importance de ces forts liens et s'en servaient pour créer des alliances entre familles. Au Japon et partout en Europe, les nobles envoyaient leurs fils se joindre à d'autres grandes familles. Ils grandissaient en remplissant les fonctions de page ou d'écuyer (apprenti chevalier) et devenaient alors loyaux à leur nouvelle famille.

Dans une école ou une bande, on peut utiliser le langage pour exclure les autres. Des mots secrets ou une langue spéciale n'ont aucun sens pour ceux qui ne font pas partie du groupe.

C'est mon frère

Les groupes modernes inspirent la même loyauté que ceux du passé. Tant dans une bande de rue que dans une école militaire, la loyauté garantit que chaque membre défendra et protégera ses « frères ».

◀ **Le pensionnat**
Ceux qui étaient ensemble au pensionnat peuvent conserver des liens d'amitié très forts. Le pensionnat de Hogwarts où vit Harry Potter est basé sur les écoles britanniques du 19e siècle, où les parents qui vivaient à l'étranger pour gouverner l'immense empire envoyaient leurs enfants.

Les écoles d'arts martiaux ▼
Les écoles qui enseignent aux enfants l'art de la guerre imposent souvent de dures conditions et une discipline stricte, et font travailler fort les enfants. En grandissant, ces derniers développent de forts liens parce qu'ils subissent ensemble la douleur et les dangers. En bas, les élèves d'une école de kung-fu Wushu Shaolin, en Chine, se sont levés très tôt pour s'entraîner vigoureusement.

Incroyable! Incroyable! Incroyable!

La faim crée des liens
Dans les écoles de guerriers de la Grèce antique, la faim rassemblait les élèves. Leurs repas étaient si maigres qu'ils devaient voler de la nourriture. Les étudiants qui se faisaient attraper étaient fouettés, non parce qu'ils avaient volé, mais parce qu'ils avaient été trop stupides pour ne pas se faire prendre.

C'est dans tes gènes

Incroyable! Incroyable! Incroyable!

Des pois et des abeilles
Gregor Mendel, un moine autrichien du 19e siècle, découvrit le fonctionnement des gènes en faisant pousser 29 000 plants de pois. Il répéta son travail avec des abeilles, mais ne réussit qu'à engendrer une espèce agressive, et les scientifiques ignorèrent sa découverte pendant 50 ans.

UN ALBUM DE FAMILLE EST comme un miroir. Si tu regardes les photos de ta famille, tu verras que tu ressembles beaucoup à tes parents quand ils étaient jeunes. Les membres d'une même famille se ressemblent parce que les parents transmettent leurs gènes à leurs enfants. Les gènes sont les codes naturels de caractéristiques comme la couleur des yeux ou des cheveux. Ils font partie d'une minuscule chaîne en double hélice appelée « ADN », qui contient les instructions destinées à nos cellules et se trouve partout dans notre corps.

Chaque moitié de nos gènes nous vient d'un de nos parents. C'est pourquoi nos proches disent parfois : « Il a la bouche de sa mère et les yeux de son père. » Les frères et sœurs ne sont pas identiques parce que le mélange de gènes est différent chez chaque enfant.

Philippe IV 1605–1665

Léopold Ier 1640–1705

Charles II 1661–1700

◄▲ La consanguinité et les maladies génétiques
Les gènes peuvent se tromper et provoquer des maladies génétiques, que les parents transmettent à leurs enfants. La probabilité que cela arrive est plus grande quand les gens font des mariages consanguins. C'est pourquoi, dans de nombreux endroits, on interdit les mariages entre personnes ayant un lien plus étroit que celui de cousins germains. Les Habsbourg, une famille royale d'Europe, ignorèrent cette règle, et tous les descendants de Charles Ier héritèrent de sa mâchoire déformée. Son arrière-arrière-arrière-petit-fils, Charles II (« Charles l'Ensorcelé ») est mort de maladie génétique.

Charles Ier, roi d'Espagne, 1500-1558

Les effets déconcertants des gènes

Le mélange des gènes provenant des parents peut parfois avoir des résultats étonnants. Des parents ayant des couleurs de peau différentes peuvent avoir un fils d'une couleur et une fille de l'autre. Les gènes peuvent aussi sauter des générations. Les enfants dont les deux parents ont les yeux bruns, par exemple, ont généralement aussi les yeux bruns. Mais si deux de leurs grands-parents, un du côté de chaque parent, ont les yeux bleus, ils pourraient aussi avoir les yeux bleus.

Les jumeaux identiques ▶
Une mère a des jumeaux identiques quand l'œuf qui grandit dans son ventre se sépare en deux bébés. Les jumeaux dits «identiques» ont exactement les mêmes gènes, mais ils ne sont jamais absolument identiques. Par exemple, leurs empreintes digitales sont différentes.

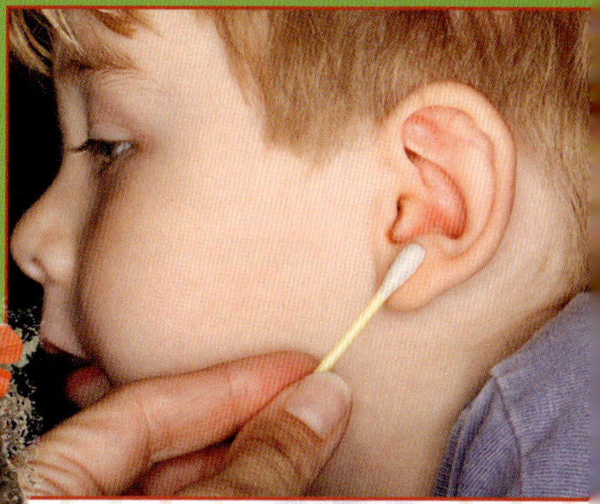

▲ Le cérumen
Les caractéristiques que nous héritons de nos parents dépendent en général de plusieurs gènes, mais le cérumen (la cire d'oreille) n'est contrôlé que par un gène. Les Noirs et les Blancs ont une forme de ce gène, qui fait que leur cérumen est humide. L'autre forme du gène présent chez les autres fait que leur cérumen est sec.

La lignée royale espagnole des Habsbourg s'est éteinte parce qu'ils se mariaient entre eux afin de «garder le sang pur».

Quatre générations ▶
Les gènes ne déterminent pas seulement des détails comme la couleur des cheveux, des yeux et de la peau. Par ses gènes, l'arrière-grand-mère de cette photo a transmis à son fils, à sa petite-fille et à ses arrière-petits-enfants des caractéristiques comme sa grandeur, son bon caractère et sa résistance à certaines maladies.

D'élégants adieux

Toutankhamon ▲
Ce masque en or qui représente le pharaon égyptien Toutankhamon recouvrait son visage dans sa tombe. Les anciens Égyptiens préservaient les corps des morts parce qu'ils croyaient que, s'ils pourrissaient, ils ne pourraient pas revivre dans l'au-delà.

QUE NOUS SOYONS riches ou pauvres, célèbres ou inconnus, la vie de famille se termine toujours de la même façon. Tout le monde finit enterré dans une boîte ou incinéré lors d'une crémation. Dans le passé, les funérailles étaient plus diversifiées. Les Égyptiens conservaient les corps momifiés de leurs proches. Là où il y avait peu de terre et peu de carburant, les gens donnaient les cadavres à manger aux oiseaux ou aux fourmis.

Des funérailles jazzy ▲
Les traditions des fanfares françaises et de la musique des esclaves afro-américains se mélangent lors des funérailles de la Nouvelle-Orléans. Les musiciens jouent des airs tristes en suivant le cercueil, mais se lancent dans des rythmes plus entraînants juste après l'enterrement.

Les obsèques en mer ▼
Les marins morts sont immergés, c'est-à-dire qu'on fait passer leur cercueil lesté par-dessus bord. Autrefois, sur les navires de guerre en mer, le corps était enfermé dans une voile cousue, avec un boulet de canon à chaque extrémité. La tradition voulait que le dernier point passe entre les narines, afin de vérifier une dernière fois que le marin était bien mort.

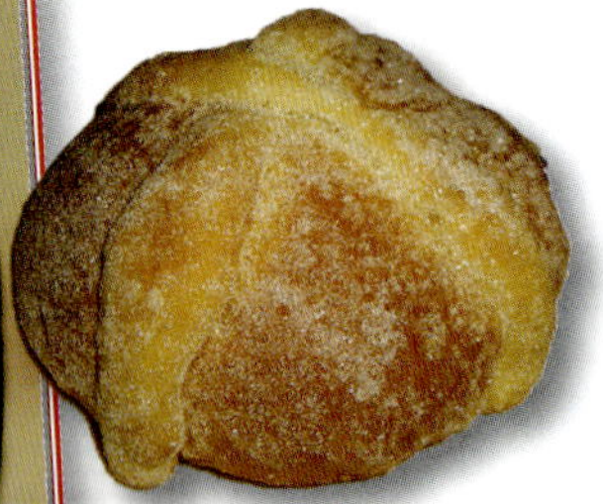

▲ ***Pan de muerto***

◀ Le jour des Morts
Chaque année, le 2 novembre, les Mexicains fêtent le jour des Morts, où ils honorent la mémoire de leurs ancêtres décédés. Ils organisent des fêtes près des tombes et y laissent de la nourriture et des boissons en offrande. Les pâtissiers préparent des plats comme des crânes en pâte d'amande et du *pan de muerto* (pain des morts).

Certaines coutumes funéraires semblent macabres, mais seulement si on ne considère pas la mort comme l'achèvement naturel de la vie. Les tombes ne sont pas terrifiantes si on fait la fête autour d'elles chaque année, ou si on croit, comme les Égyptiens, qu'elles mènent vers une nouvelle vie.

Dans les traditionnelles « funérailles célestes » du Tibet glacé, des oiseaux de proie dévorent les corps, qui sont laissés exposés dans des endroits sacrés.

Un cercueil fantaisiste ▼
Rêves-tu d'être enterré dans une chaussure de sport, un hot-dog géant ou un poisson comme celui-ci ? Alors tu ferais mieux de mourir au Ghana, en Afrique occidentale. Depuis 50 ans, dans la capitale, Accra, les cercueils sont traditionnellement ouvragés et décorés. Les plus beaux coûtent un an de salaire.

Des funérailles balinaises ▲
Sur l'île indonésienne de Bali, une crémation est une fête joyeuse qui libère l'esprit d'une personne morte pour qu'elle puisse revenir à la vie. Les corps des personnes riches sont brûlés dans des statues coûteuses.

De bruyants adieux

Les funérailles peuvent être amusantes, une fois qu'on a essuyé ses larmes. Elles rassemblent les familles dispersées et, dans de nombreux endroits du monde, comme à la Nouvelle-Orléans, elles deviennent des occasions bruyantes de célébrer la vie d'un proche.

Le cercueil d'un pêcheur

Incroyable ! Incroyable ! Incroyable !

Partir en fumée
La crémation est une façon flamboyante de quitter le monde, mais ce n'est pas très écologique. Un corps contient l'équivalent en carburant de six litres de pétrole, mais il en faut davantage pour qu'il se consume entièrement. Avec le carburant supplémentaire nécessaire, une auto pourrait faire plus de 560 kilomètres.

Comprendre ton arbre généalogique

SI TU AS TROUVÉ CE LIVRE intéressant – ce qui doit être le cas, puisque tu l'as lu jusqu'ici –, tu voudras peut-être en savoir davantage sur tes liens familiaux. L'arbre ci-dessous pourrait t'aider. Quand tu l'auras bien compris, essaie de dessiner le tien, en écrivant les vrais noms sous les carrés et les cercles, et en y mettant des photos.

Incroyable ! Incroyable ! Incroyable !

Le plus grand arbre généalogique
En 2008, des scientifiques ont extrait des gènes d'ossements trouvés dans une grotte en Allemagne. Ils correspondaient aux gènes de deux hommes qui vivaient tout près. Cela prouvait que les occupants des grottes étaient les ancêtres des 2 hommes, 120 générations auparavant.

▼ **Qui est qui ?**
Connais-tu la différence entre une grand-tante et un cousin germain éloigné au 1er degré ? Les familles peuvent être compliquées, mais un arbre généalogique montre qui est qui. Chaque bande beige sur l'arbre ci-dessous regroupe ceux qui appartiennent à la même génération, c'est-à-dire qui sont au même niveau par rapport à l'ancêtre commun.

Arbre généalogique

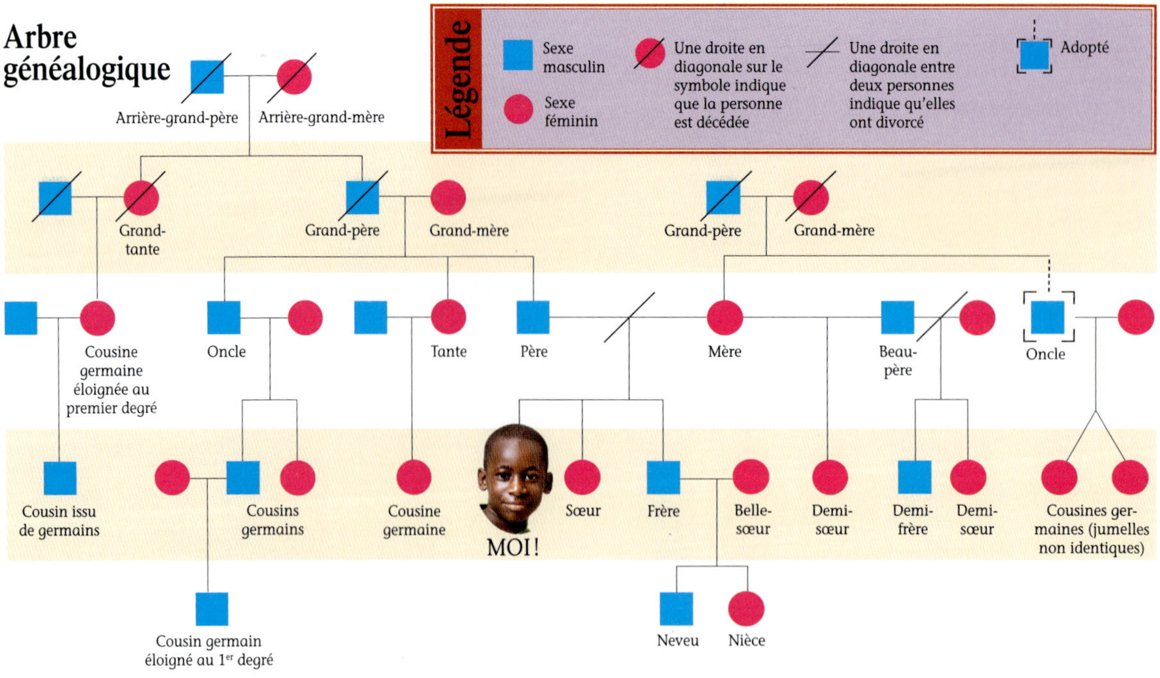

Glossaire

Tu as lu un mot que tu n'as pas compris ? Certains des mots les plus compliqués et les moins courants employés dans ce livre sont expliqués ici.

ADN
Acide désoxyribonucléique, molécule semblable à une chaîne qui contient, dans les gènes qui la composent, des instructions pour nos cellules qui nous permettent de vivre et de grandir

adoption
Processus lors duquel on confie légalement un enfant à de nouveaux parents qui le traiteront comme le leur

ancêtre
Membre de la famille d'une personne et dont elle descend, comme un parent, un grand-parent, un arrière-grand-parent, etc.

armoiries
Dessin de l'ensemble des symboles qui distinguent une famille, généralement porté lors des batailles pour permettre de reconnaître les guerriers qui se battent pour le même camp

beau-père
Nouveau conjoint de la mère d'une personne, ou père du conjoint ou de la conjointe d'une personne

belle-mère
Nouvelle conjointe du père d'une personne, ou mère du conjoint ou de la conjointe d'une personne

bizutage
Événement lors duquel les élèves d'une école accueillent les nouveaux élèves de première année, et qui comprend des épreuves parfois cruelles et des humiliations

crémation
Action de brûler le corps d'une personne morte

demi-frère/sœur
Frère ou sœur qui a seulement le même père ou la même mère; fils ou fille d'un nouveau conjoint du parent

démocratie
Système de gouvernement dans lequel toutes les décisions sont prises par tous ou par des représentants que le peuple a choisis parce qu'il leur fait confiance

descendant
Membre de la famille d'une personne et qui descend de celle-ci, comme un enfant, un petit-enfant, un arrière-petit-enfant, jusqu'au plus jeune

divorce
Fin d'un mariage

dot
Cadeau de valeur que la famille d'une mariée offre à l'homme que celle-ci épouse

dramaturge
Auteur ou auteure d'une pièce de théâtre

dynastie
Famille dont les membres règnent sur un pays les uns après les autres

émancipation
Libération d'un enfant de l'autorité de ses parents

engagé
Personne immigrée qu'on forçait à travailler en échange d'un maigre salaire

famille d'accueil
Famille dont les parents vont s'occuper d'un enfant jusqu'à ce qu'il puisse retourner dans sa famille ou être adopté

frères/sœurs de lait
Enfants qui ne sont pas frères et sœurs, mais qui ont été allaités par la même femme

gène
Segment d'ADN présent dans tout être vivant, qui contrôle sa forme et sa croissance; les parents transmettent leurs gènes à leurs enfants

génération
Ensemble des membres d'une famille qui descendent d'un même ancêtre et sont situés au même degré par rapport à cet ancêtre

lesté
Alourdi à l'aide d'objets pesants

lois somptuaires
Lois imposées afin de limiter les dépenses exorbitantes

mariage consanguin
Mariage entre personnes de même famille ayant un lien étroit

matriarche
Mère qui est chef de sa famille

nom de famille
Nom qui nous est transmis par notre père ou notre mère

nom patronymique
Nom de famille formé à partir du prénom du père, par exemple « Johnson » (fils de John)

nourrice
Femme qui allaite au sein les enfants d'autres femmes qui ne peuvent le faire

patriarche
Père qui est chef de sa famille

polygamie
Situation d'une personne mariée à plus d'un partenaire en même temps

rite de passage
Événement spécial qui marque le passage d'une période de la vie à une autre

sida
Syndrome d'immunodéficience acquise, maladie qui diminue les capacités du corps à combattre les infections

Index

A

accouchement 24
ADN 40
adolescent 30, 36, 37
adoption 14-15
adulte 10, 11, 14, 27, 33, 36
aînés 21, 36
ancêtre 20, 21, 26, 42, 44
arbre généalogique 16, 17, 20, 44
arrière-grand-mère 16, 41, 44

B

beau-père 4, 44
belle-famille 4
belle-mère 4, 5

C

cérémonie de mariage 7
certificat de mariage 7
chefs de famille 32
communauté 22-23, 38,
conjoint, conjointe 4
consanguinité 40
couple 6, 7, 8, 9, 14, 21
cousin 40, 44
cousin germain 44
coutumes de mariage 8, 9

D

demi-frère 4, 44
demi-sœur 5, 44
descendants 40
droits des enfants 32, 33
dynastie 12, 13, 20

E

émancipés 33
enfant
  adopté 14, 15, 44
  illégitime 7
  trouvé 14

F

famille
  criminelle 18
  d'accueil 14
  dispersée 43
  homoparentale 22
  immédiate 16
  monoparentale 4-5
  noble 12
  nombreuse 15, 16
  nucléaire 3
  recomposée 4, 5
  royale 13, 40
femme enceinte 24
fille première-née 24
fils premier-né 25
foyer 26, 27
frère 3, 8, 10, 15, 16, 17, 22, 29, 36, 37, 40, 44
frère de lait 34

G

gardiennage d'enfants 34, 36, 37
générations 13, 26, 31, 41, 44
gènes 40-41, 44
gouvernante 34-35
grand-mère 17, 44
grand-tante 17, 44
grand-oncle 17
grands-parents 16, 29, 36, 41

I

illégitimité 7

J

jumeaux 14, 41, 44
lois sur l'adoption 15

M

maladie génétique 24, 40
mariage 5, 6, 7, 8, 9, 16, 20, 22, 23, 40
  arrangé 6, 7
  collectif 8
  consanguin 40
  de groupe 23
  traditionnel 7, 8
mère monoparentale 3

N

naissance 4, 7, 24,
neveu 16, 17, 44
nièce 17, 44
nom de famille 3, 20-21, 24
nom patronymique 21
nourrice 34
nouveaux mariés 9

O

oncle 4, 16, 17, 44
orphelin 3

P

parents naturels 14, 15
petite-fille 17, 41
petit-fils 17
petits-enfants 31
politique de l'enfant unique 24
polygame 22
prénom 20-21

S

société patriarcale 32
sœur 3, 15, 16, 36, 37, 38, 40, 44
sœurs de lait 34
sortie en famille 29

T

tante 16, 17, 44
travail en famille 31

V

vie de famille 5, 42

Crédits photos
L'éditeur voudrait remercier les personnes suivantes de l'autoriser à reproduire leurs photographies:

Légende: h=haut; b=bas; d=droite; g=gauche; c=centre

Illustration de la page couverture: Alamy Images

1c: Mike Flippo/Shutterstock; 4hd: Bettman/Corbis; 5bc: Stephanie Thome/iStockphoto; 6hd: Damian Palus/iStockphoto; 8hg: Trinity Mirror/Mirrorpix/Alamy; 8bc: Bettmann/Corbis; 8c: iStockphoto; 9cg: Chris A Crumley/Alamy; 9hc: Library of Congress; 10bg: Nancy Louie/iStockphoto; 11cg: Marilyn Angel Wynn/Nativestock Pictures/Corbis; 11hd: Sandra Voogt/Shutterstock; 11bc: Monkey Business Images; 12bg: Steven Wynn/iStockphoto; 13c: Bettmann/Corbis; 14hg: Library of Congress; 15hd: Jim West/Alamy; 15c: Anthony Njuguna/Reuters/Corbis; 16bd: Library of Congress; 16c: Library of Congress; 17bc: Craig Lovell/Eagle Visions Photography/Alamy; 17cd: Sean Sprauge/Alamy; 18hg: Pictorial Press Ltd/Alamy; 19bd: Jon Arnold Images Ltd/Alamy; 20hd: Library of Congress; 21bg: Louise Batalla Duran/Alamy; 21bc: Linda & Colin McKie/iStockphoto; 21cg: Sean Locke/iStockphoto; 21hd: Library of Congress; 21bd: Danny Smythe/Shutterstock; 22bc: Henry Diltz/Corbis; 23bc: Earl & Naizma Kwall/Corbis; 23hc: Bettmann/Corbis; 24bg: David White/Alamy; 24bd: Maciej Korekwa/iStockphoto; 24c: Jon Schulte/iStockphoto; 25cd: Robert Estall Photo Agency/Alamy; 26bg: Michel Setboun/Sygma/Corbis; 27bc: Bubbles Photolibrary/Alamy; 27cg: Blue Lantern Studio/Corbis; 27hg: Thomas Perkins/iStockphoto; 28cd: Jonathan Brizendine/Shutterstock; 29hg: iStockphoto; 29cd: Library of Congress; 29c: Library of Congress; 30bd: Library of Congress; 30hg: Library of Congress; 30bg: National Media Museum/Science and Society Picture Library; 31hd: Friedrich Stark/Alamy; 31bc: David Turnley/Corbis; 31hc: Lindsay Hebberd/Corbis; 32bd: Cynthia Hart Designer/Corbis; 33c: Frank Trapper/Corbis; 33cd: Yuri Arcurs/Shutterstock; 34cg: Trip/Alamy; 34hc: Vasyl Helevachuk/Shutterstock; 34c: Library of Congress; 35bc: Interfoto/Alamy; 35hg: Mary Evans Picture Library/Alamy; 36cd: Library of Congress; 36bg: Lisa F Young/Shutterstock; 37bd: J Marshall- Tribaleye Images/Alamy; 38c: Buddy Mays/Alamy; 38hd: Library of Congress; 39c: Pictorial Press Ltd/Alamy; 39bc: Geoff A Howard/Alamy; 40bg: The London Art Archive/Alamy; 40hc: Benjaminet/Shutterstock; 41hc: Kenneth Sponsier/Shutterstock; 41bc: Gerald M. Powers/Shutterstock; 41hd: Suzanne Tucker/Shutterstock; 42bg: Jose Gil/Shutterstock; 43bg: Robert Estall Photo Agency/Alamy; 44bc: Stephanie Thome

L'auteur remercie chaleureusement Mary Platt pour ses recherches, son soutien et ses conseils éclairés.

DISCOVERLIFE

Nehemiah
A Servant Leader

STUDY GUIDE

by
Alvin J. Vander Griend
revised by
Drew Gordon

FAITH ALIVE
Christian Resources
Grand Rapids, Michigan

Cover photo by Stone.

Faith Alive Christian Resources published by CRC Publications.

We welcome your comments. Call us at 1-800-333-8300 or e-mail us at editors@faithaliveresources.org.

ISBN 1-56212-573-7

10 9 8 7 6 5 4 3 2 1